The Lamentations of Jere

T0083355

I

Edited by
Philip Brett

THOMAS TALLIS
(*c.*1505–1585)

SOPRANO
ALTO 1
ALTO 2
TENOR
BASS
KEYBOARD REDUCTION
(for rehearsal only)

In - ci - pit la - men - ta - ti - o Ie - re - mi -
This is the la - men - ta - tion of Je - re - mi -

In - - ci - pit la - men - ta - ti - o Ie -
This is the la - - men - ta - tion of Je -

5

In - - ci - pit la - men - ta - ti - o Ie -
This is the la - men - ta - tion of Je -

- ae pro - phe - - - tae, pro - phe - - - tae, Ie -
- ah the pro - - - phet, the pro - - - phet, Je -

- re - mi - ae pro - phe - tae, pro - phe - - - - -
- re - mi - ah the pro - - phet, the pro - - - - -

In - - ci - pit la - men - ta - ti - o Ie - re -
This is the la - men - ta - tion of Je - re -

© Oxford University Press 1995

Printed in Great Britain
OXFORD UNIVERSITY PRESS, MUSIC DEPARTMENT, GREAT CLARENDON STREET, OXFORD OX2 6DP

Photocopying this copyright material is ILLEGAL.

10
-re - mi - ae pro - phe - tae, pro - phe - - - - tae.
-re - mi - ah the pro - phet, the pro - - - - phet,
In - - ci - pit la - - men - ta - ti -
This is the la - - men - ta - tion
-re - mi - ae pro - phe - tae, pro - phe - - - - tae.
-re - mi - ah the pro - phet, the pro - - - - phet,
- - tae. In - - ci - pit la - - men -
- - phet, this is the la - - men -
-mi - ae pro - phe - tae. In - - ci -
-mi - ah the pro - phet, this is
14
In - - ci - pit la - - men - ta - ti -
this is the la - - men - ta - tion
-o Ie - re - mi - ae pro - phe - - - - tae,
of Je - re - mi - ah the pro - - - - phet,
In - - ci - pit la - - men -
this is the la - - men -
-ta - ti - o Ie - - re - mi - ae pro - phe - tae,
-ta - tion of Je - - re - mi - ah the pro - phet,
-pit la - - men - ta - ti - o, la - men - ta - ti - o Ie -
the la - - men - ta - tion, la - men - ta - tion of Je -

18
- o Ie - re - mi - ae pro - phe - tae, pro - phe - - - tae.
of Je - re - mi - ah the pro - phet, the pro - - - phet.
pro - phe - tae, pro - phe - - tae.
the pro - phet, the pro - - phet.
- ta - ti - o Ie - re - mi - - ae pro - phe - tae, pro - phe - tae.
- ta - tion of Je - re - mi - - ah the pro - phet, the pro - phet.
pro - phe - tae, pro - phe - - - tae.
the pro - phet, the pro - - - phet.
- re - mi - ae pro - phe - tae, pro - phe - - tae.
- re - mi - ah the pro - phet, the pro - - phet.
23
A - leph, A - - - - - - - - -
A - leph, A - - - - - - leph, A -
A - - leph, A - -

29
leph, A -
leph, A - leph,
A - leph, A - leph, A -
leph, A - leph,
A - leph, A - leph,
34
leph, A - leph. Quo - mo -
How does
A - leph. Quo - mo -
How does
leph, A - leph. Quo - mo -
How does
A - leph, A - leph. Quo - mo - do
How does the
A - leph, A - leph. Quo - mo -
How does

39
- do se - - det so - la ci - vi - tas ple - na po - pu -
the ci - - ty sit now so for - lorn, once so po - pu -
- do se - - det so - la ci - vi - tas ple - - na po - pu - -
the ci - - ty sit now so for - lorn, once so po - pu - -
- do se - det so - - la ci - vi - tas ple - na po - - pu -
the ci - ty sit now so for - lorn, once so po - - pu -
se - det so - la ci - vi - tas ple - na po - pu - - -
ci - - ty sit now so for - lorn, once so po - pu - - -
- do se - - det so - la ci - vi - tas ple - - na po - pu - -
the ci - - ty sit now so for - lorn, once so po - pu - -

44
- lo: fa - cta est qua - si vi - du - a do - mi - na
- lous; now be - come like a wi - dow, she that rul'd
- lo: fa - cta est qua - si vi - du - a do - mi - na
- lous; now be - come like a wi - dow, she that rul'd
- lo: fa - cta est qua - - si vi - du - a do - mi -
- lous; now be - come like a wi - dow, she - that
- lo: fa - cta est qua - si vi - du - a do - mi - na gen - ti -
- lous; now be - come like a wi - dow, she that rul'd o - ver
- lo: fa - cta est qua - si vi - du - a do - mi - na
- lous; now be - come like a wi - dow, she that rul'd

49
gen - ti - um, prin - ceps pro - vin - ci - a - -
o - ver all, prin - cess of ev - 'ry pro - -
gen - - ti - um, gen - - ti - - - - um,
o - - ver all, o - - - - - ver all,
- na gen - ti - um, prin - ceps pro - vin - ci - a -
rul'd o - ver all, prin - cess of ev - 'ry pro -
- um, prin - ceps pro - vin - ci - a -
all, prin - cess of ev - 'ry pro -
gen - - ti - um,
o - - ver all,
53
- - - rum, prin - ceps pro - vin - ci - a - - -
- - - vince, prin - cess of ev - 'ry pro - - -
prin - ceps pro - vin - ci - a - - rum fa - cta est
prin - cess of ev - 'ry pro - - vince, how came she
- rum, prin - ceps pro - vin - ci - a - rum fa - cta
- vince, prin - cess of ev - 'ry pro - vince, how came
- - - rum fa - cta est sub tri -
- - - vince, how came she un - der
prin - ceps pro - vin - ci - a - rum fa - cta est
prin - cess of ev - 'ry pro - vince, how came she

57
- - rum, fa - cta est sub tri - bu - to, sub tri -
- - vince, how came she un - der the yoke, un - -
sub tri - bu - to, fa - cta est
un - der the yoke, how came she
est sub tri - bu - to, fa - cta est sub tri - bu - to,
she un - der the yoke, how came she un - der the yoke,
- bu - - to, fa - cta est sub tri - bu - - -
the yoke, how came she un - der the
sub tri - bu - to, fa - cta est
un - der the yoke, how came she
61
- bu - - - - to, sub tri - bu - - -
- der, un - - der the yoke, un - der, un - der the
sub tri - bu - - to, sub tri - bu - -
un - - der the yoke, the yoke, un - der the yoke,
sub tri - bu - - - to, sub tri - bu -
un - - der the yoke, un - der the
- - - - - to, sub tri - bu - to, sub tri - bu - to,
yoke, un - der the yoke, un - der the yoke, un - der the yoke,
sub tri - bu - - - to, sub tri - bu - -
un - der the yoke, un - der the

65
- to, sub tri - - - bu - - to.
yoke, un - - der the yoke?
- - to, sub tri - bu - - - - - to.
un - - der, un - - der the yoke?
- to, sub tri - bu - - - - - to.
yoke, un - - der, un - - der the yoke?
sub tri - bu - - - - to, sub tri - bu - to.
un - der the yoke, un - der the yoke?
- to, sub tri - bu - to, sub tri - bu - - to.
yoke, un - der the yoke, un - der the yoke?
69
Beth.
Beth, Beth,
Beth, Beth.
Beth, Beth.
Beth, Beth.

73
Plo - rans plo - ra -
Sore - ly she weep -
Beth.
Plo - rans plo -
Sore - ly she
Plo - rans plo -
Sore - ly she
Plo - rans plo -
Sore - ly she
Plo - rans plo -
Sore - ly she
78
- - - - vit, plo - rans plo - ra -
- - - - eth, sore - ly she weep -
- ra - - - - vit in no - cte, plo - rans plo -
weep - - - eth at night - time, sore - ly she
- ra - - - - vit in no - cte, plo - rans plo -
weep - - - eth at night - time, sore - ly she
- ra - - - - vit in no - cte, plo - rans plo -
weep - - - eth at night - time, sore - ly she
- ra - - - - vit in no - cte, plo - rans plo -
weep - - - eth at night - time, sore - ly she

83
- - vit in no - cte, et la - cri-mae e - ius in
- - eth at night - time; and weep - ing, her tears flow down
- ra - - vit in no - cte, et la - cri-mae e - ius in ma -
weep - - eth at night - time; and weep - ing, her tears flow down her
- ra - - vit in no - cte, et la - cri - mae e - -
weep - - eth at night - time; and weep - ing, her tears
- ra - - vit in no - cte, et la - cri-mae e - ius in
weep - - eth at night - time; and weep - ing, her tears flow down
- ra - - vit in no - cte, et la - cri-mae e - ius
weep - - eth at night - time; and weep - ing, her tears flow
88
ma - xil - lis e - - ius: non est qui con - so - le - tur e -
her cheeks in tor - - rents; there is no one who can con - sole
- xil - lis e - - ius: non est qui con - so - le - tur e - -
cheeks in tor - - rents; there is no one who can con-sole
- ius in ma - xil - lis e - ius: non est qui con - so - le - tur e -
flow down her cheeks in tor - rents; there is no one who can con - sole
ma - xil - lis e - ius:
her cheeks in tor - rents;
in ma - xil - lis e - - ius:
down her cheeks in tor - - rents;

93
- am, non est qui con - so - le - tur e - am, qui
her, there is no one who can con - sole her, no
- am, qui con - so - le - tur e - am, non est qui con - so - le - tur e - am
her, no one who can con-sole her, there is no one who can con - sole her
- am, qui con - so - le - tur e - am, qui con - so - le - tur e - am, qui
her, no one who can con - sole her, no one who can con - sole her, no
non est qui con - so - le - tur e - am, non est qui
there is no one who can con - sole her, there is no
non est qui con - so - le - tur e - am, non est qui
there is no one who can con - sole her, there is no
98
con - so - le - tur e - am ex om - ni - bus ca - ris e -
one who can con - sole her of all those who did once love
ex om - ni - bus ca - ris e -
of all those who did once love
con - so - le - tur e - am ex
one who can con - sole her of
con - so - le - tur e - am ex om - ni - bus ca - ris e -
one who can con - sole her of all those who did once love
con - so - le - tur e - am
one who can con - sole her

102
- ius, ex om - ni - bus ca - ris e - -
her, of all those who did once love
- ius, ex om - ni - bus ca - ris, ex om - ni - bus ca - ris,
her, of all those who did once, of all those who did love
om - ni - bus ca - - ris e - ius, ca - ris e - - -
all those who did once love her, did once love
- ius, ca - - - ris e - - ius, ex
her, who did once love her, of
ex om - ni - bus ca - ris e - - - - ius, ex
of all those who did once love her, of
106
- ius, ca - ris e - - - - ius: om -
her, who did once love her; and
ca - ris e - ius: om - nes a - mi - ci
her, did once love her; and those her friends and
- ius, ca - ris e - - ius: om - nes a - mi - ci
her, did once love her; and those her friends and
om - ni - bus ca - ris e - - ius: om - nes a - mi - ci,
all those who did once love her; and those her friends,
om - ni - bus ca - ris e - - ius: om -
all those who did once love her; and

110
- nes a - mi - ci e - ius, om - nes a - mi - ci e -
those her friends and neigh - bours, and those her friends and neigh -
— e - ius, a - mi - ci e - - - ius spre - ve - runt
— neigh-bours, friends — and — neigh - - - bours throw scorn u -
e - - ius, om - nes a - mi - ci e - ius, e - ius
neigh - - bours, and those her friends and neigh - - - bours
a - mi - ci e - ius, om - nes a - mi - ci e -
her friends and neigh - bours, and those her friends and neigh -
- nes a - mi - ci e - ius, om - nes a - mi - ci e -
those her friends and neigh - bours, and those her friends and neigh -
114
- ius spre - ve - runt e - - am, et fa - cti
- bours throw scorn — u - pon — her, and show ho -
e - am, spre - ve - runt e - - am, et fa - cti sunt e - -
- pon her, throw scorn u - pon — her, and show ho - sti - - li -
spre - ve - runt e - am, et fa - cti sunt e - -
throw scorn u - pon — her, and show ho - sti - - li -
- ius spre - ve - runt e - - am, et fa - cti sunt e -
- bours throw scorn u - pon her, and show ho - sti - li -
- ius spre - ve - runt e - - am,
- bours throw scorn u - pon her,

118
sunt e - - i, et fa - cti sunt e - - - i in -
- sti - - li - ty, and show ho - sti - - - li - ty to -
- i in - i - mi - - ci, et fa - cti sunt e - - i
- ty to - ward her, and show ho - sti - - - - li -
- i, et fa - cti sunt e - i, e - - - -
- ty, and show ho - sti - li - ty to - - - - - ward
- i in - i - mi - ci, et fa - cti sunt e - i in - i - mi - ci, in -
- ty to - ward her, and show ho - sti - li - ty to - ward her, to -
et fa - cti sunt e - i, et fa - cti - sunt e -
and show ho - sti - li - ty, and show ho - sti - li -
122
- i - mi - - - ci. Ie - ru - sa - lem, Ie - ru - sa -
- ward her. Je - ru - sa - lem, Je - ru - sa -
in - i - mi - - - - ci. Ie - ru - sa - lem, Ie -
- ty to - ward her. Je - ru - sa - lem, Je -
- i in - i - mi - - - ci. Ie - ru - sa - lem, Ie -
her, to - ward her. Je - ru - sa - lem, Je -
- i - mi - - - - - ci. Ie - ru - sa - lem, Ie -
- ward her. Je - ru - sa - lem, Je -
- i in - i - mi - - ci. Ie - ru - sa - lem, Ie -
- ty to - - ward her. Je - ru - sa - lem, Je -

127
- lem, con - ver - te - re ad Do - mi - num De - - um tu -
- lem, re - pent and turn un - to the Lord, ev'n to your
- ru - sa - lem, con - ver - te - re ad Do - mi - num De - um tu -
- ru - sa - lem, re - pent and turn un - to the Lord, ev'n to your
- ru - sa - lem, con - ver - te - re ad Do - mi - num De - um tu -
- ru - sa - lem, re - pent and turn un - to the Lord, ev'n to your
- ru - sa - lem, con - ver - te - re ad Do - mi - num De - um tu -
- ru - sa - lem, re - pent and turn un - to the Lord, ev'n to your
- ru - sa - lem, con - ver - te - re ad Do - mi - num De - um tu -
- ru - sa - lem, re - pent and turn un - to the Lord, ev'n to your
131
- um, Ie - ru - sa - lem, Ie - ru - sa - lem, con - ver - te - re ad
God, Je - ru - sa - lem, Je - ru - sa - lem, re - pent and turn un -
- um, Ie - ru - sa - lem, Ie - ru - sa - lem, con - ver - te -
God, Je - ru - sa - lem, Je - ru - sa - lem, re - pent and
- um, Ie - ru - sa - lem, Ie - ru - sa - lem, con - ver - te -
God, Je - ru - sa - lem, Je - ru - sa - lem, re - pent and
- um, Ie - ru - sa - lem, Ie - ru - sa - lem, con - ver - te -
God, Je - ru - sa - lem, Je - ru - sa - lem, re - pent and
- um, Ie - ru - sa - lem, Ie - ru - sa - lem, con - ver - te -
God, Je - ru - sa - lem, Je - ru - sa - lem, re - pent and

136
Do - mi-num De - um tu - - um, con - ver - te - re ad
- to the Lord, ev'n to your God, re - pent and turn un -
- re ad Do - mi - num De - um tu - um, con - ver - te -
turn un - to the Lord, ev'n to your God, re - pent and
- re ad Do - mi - num De - um tu - um, con - ver - te -
turn un - to the Lord, ev'n to your God, re - pent and
- re ad Do - mi - num De - um tu - um, con - ver - te -
turn un - to the Lord, ev'n to your God, re - pent and
- re ad Do - mi - num De - um tu - um, con - ver - te -
turn un - to the Lord, ev'n to your God, re - pent and
140
Do - mi-num De - - - um tu - - - - um.
- to the Lord, e - - ven to your God.
- re ad Do - mi - num De - um tu - um.
turn un - to the Lord, ev'n to your God.
- re ad Do - mi - num De - - um tu - - - um.
turn un - to the Lord, e - - ven to your God.
- re ad Do - mi - num De - um tu - - - um.
turn un - to the Lord, ev'n to your God.
- re ad Do - mi - num De - - um tu - - - um.
turn un - to the Lord, e - - ven to your God.

II

S.
A.1
A.2
T.
B.
De la - men - ta - ti - o - ne Ie - re - mi - ae pro-phe -
This la - men - ta - tion is of Je - re - mi - ah the pro -
De la - men - ta - ti -
This la - men - ta - tion
5
De la - men - ta - ti -
This la - men - ta - tion
- - tae, pro - phe - - - - tae, Ie - re - mi -
- - phet, the pro - - - - phet, Je - re - mi -
- o - ne Ie - re - mi - ae pro phe - - - tae, Ie - re - mi -
is of Je - re - mi - ah the pro - - - phet, Je - re - mi -
De la - men - ta - ti - o - ne Ie - re - mi - ae pro-phe-
This la - men - ta - tion is of Je - re - mi - ah the pro -

10
De la - men - ta - ti - o - ne Ie - re - mi - ae pro phe -
This la - men - ta - tion is of Je - re - mi - ah the pro -
- o - ne Ie - re - mi - ae pro phe - tae, Ie - re - mi -
is of Je - re - mi - ah the pro - phet, Je - re - mi -
- ae pro - phe - tae, de la - men - ta - ti -
- ah the pro - phet, this la - men - ta - tion
- ae pro - phe - - - - tae, Ie - re - mi - ae pro - phe - -
- ah the pro - - - - phet, Je - re - mi - ah the pro - -
- - tae, pro - phe - - - - - tae,
- - phet, the pro - - - - - phet,
15
- - tae, pro - phe - - - tae,
- - phet, the pro - - - - phet,
- ae pro - phe - - - - - tae, pro - phe - - -
- ah the pro - - - - - phet, the pro - - -
- o - ne Ie - re - mi - ae pro - phe - tae, pro - phe - - -
is of Je - re - mi - ah the pro - phet, the pro - - -
- tae, de la - men - ta - ti - o - ne Ie - re - mi - ae pro phe -
- phet, this la - men - ta - tion is of Je - re - mi - ah the pro -
de la - men - ta - ti -
this la - men - ta - tion

20
de la-men-ta-ti-o-ne Ie-re-mi-ae pro-phe-
this la-men-ta-tion is of Je-re-mi-ah the pro-
-tae, de la-men-ta-ti-
-phet, this la-men-ta-tion
-tae, Ie-re-mi-ae pro-phe-tae,
-phet, Je-re-mi-ah the pro-phet,
-tae, Ie-re-mi-ae pro-phe-
-phet, Je-re-mi-ah the pro-
-o-ne Ie-re-mi-ae pro-phe-tae, pro-phe-
is of Je-re-mi-ah the pro-phet, the pro-
25
-tae, pro-phet-tae.
-phet, the pro-phet.
-o-ne Ie-re-mi-ae pro-phe-tae. Ghi-mel, Ghi-
is of Je-re-mi-ah the pro-phet.
Ie-re-mi-ae pro-phe-tae.
Je-re-mi-ah the pro-phet.
-tae, pro-phe-tae.
-phet, the pro-phet.
-tae, pro-phe-tae.
-phet, the pro-phet.

31
Ghi - - mel, Ghi - mel, Ghi - mel,
mel, Ghi - mel,
Ghi - -
Ghi - - mel, Ghi - mel,
36
Ghi - -
Ghi - - - - - - mel, Ghi - -
- mel, Ghi - mel, Ghi - - -
Ghi - - - - - -
Ghi - - - mel, Ghi - mel,

40
- - mel, Ghi - - - - - mel.
- - mel, Ghi - mel, Ghi - - - - mel.
- mel, Ghi - - - - mel.
- - mel, Ghi - - - - - - - mel.
Ghi - - - - - - - mel.

44
Mi - gra - - vit Iu - da pro - pter af - fli - cti - o - nem
Gone forth is Ju - dah be - cause of her af - flic - tion
Mi - gra - vit Iu - da pro - pter af - fli - cti - i - nem ac
Gone forth is Ju - dah be - cause of her af - flic - tion and
Mi - gra - vit Iu - - da pro - pter af - fli - cti - o - nem
Gone forth is Ju - - dah be - cause of her af - flic - tion
Mi - gra -
Gone forth

49
ac mul - ti - tu - di - nem ser - vi - tu - tis, ac mul - ti - tu -
and mul - ti - tu - di - nous sub - ju - ga - tions, and mul - ti - tu -
mul - ti - tu - di - nem ser - vi - tu - tis, ac mul - ti - tu - di -
mul - ti - tu - di - nous sub - ju - ga - tions, and mul - ti - tu - di -
ac mul - ti - tu - di - nem ser - vi - tu - tis, ser -
and mul - ti - tu - di - nous sub - ju - ga - tions, sub -
- vit Iu - da pro - pter af - fli - cti - o - nem ac mul - ti - tu -
is Ju - dah be - cause of her af - flic - tion and mul - ti - tu -
Mi - gra - vit Iu - da pro -
Gone forth is Ju - dah be -
54
- di - nem ser - vi - tu - tis, ac mul - ti - tu - di - nem ser - vi - tu -
- di - nous sub - ju - ga - tions, and mul - ti - tu - di - nous sub - ju - ga -
- nem ser - vi - tu - tis:
- nous sub - ju - ga - tions.
- vi - tu - tis, ac mul - ti - tu - di - nem ser - vi -
- ju - ga - tions, and mul - ti - tu - di - nous sub - ju -
- di - nem ser - vi - tu - tis, ac mul - ti - tu - di - nem ser - vi - tu -
- di - nous sub - ju - ga - tions, and mul - ti - tu - di - nous sub - ju - ga -
- pter af - fli - cti - o - nem ac mul - ti - tu - di - nem ser - vi - tu -
- cause of her af - flic - tion and mul - ti - tu - di - nous sub - ju - ga -

59
- tis: ha - bi - ta - vit in - ter gen - tes,
- tions. Though she dwelt with ma - ny stran - gers,
ha - bi - ta - vit in - ter gen - tes, in - ter gen -
Though she dwelt with ma - ny stran - gers, ma - ny stran -
- tu - tis: ha - bi - ta - vit in - ter gen - - tes, in - ter gen -
- ga - tions. Though she dwelt with ma - ny stran - - gers, ma - ny stran -
- tis, ser - vi - tu - - tis: ha - bi - ta - vit in - ter
- tions, sub - ju - ga - tions. Though she dwelt with ma - ny
- tis: ha - bi - ta - - vit
- tions. Though she dwelt with
64
ha - bi - ta - vit in - ter gen - tes, nec
though she dwelt with ma - ny stran - gers, nei -
- tes, ha - bi - ta - vit in - ter gen - tes, nec in - ve - nit re -
- gers, though she dwelt with ma - ny stran - gers, nei - ther found she a -
- - - tes, ha - bi - ta - vit in - ter gen - - -
- - - gers, though she dwelt with ma - ny stran - - -
gen - tes, in - ter gen - - tes,
stran - gers, ma - ny stran - - gers,
in - ter gen - - tes, nec in - ve - nit re - qui -
ma - ny stran - - gers, nei - ther found she a - ny

69
in - ve - nit re - qui - - em, nec in - ve - nit re - qui - -
- ther found she a - ny rest, nei - ther found she a - ny
- - - - qui-em, nec in - ve - nit re - qui - -
- - - - ny rest, nei - ther found she a - ny
- - tes, nec in - ve - nit re - qui - em, nec
- - gers, nei - ther found she a - ny rest, nei -
nec in - ve - nit re - qui - - em, nec in - ve - nit re -
nei - ther found she a - ny rest, nei - ther found she a -
- - em, nec in - ve - nit re - qui - - em, nec in - ve -
rest, nei - ther found she a - ny rest, nei - ther found
74
- em, nec in - ve - nit re - qui - em, nec in - ve - nit re - qui - em.
rest, nei-ther found she a - ny rest, nei-ther found she a - ny rest.
- - em, nec in - ve - - nit, nec in - ve - nit re - qui - - em.
rest, nei - ther found, nei - ther found she a - ny rest.
in - ve - nit, nec in - ve - nit re - qui - em, nec in - ve - nit re - qui - em.
- ther found she, nei-ther found she a - ny rest, nei-ther found she a - ny rest.
- - qui - - em, re - - qui - em.
- - ny rest, a - - ny rest.
- - nit re - qui - em, nec in - ve - nit re - - qui - em.
she a - ny rest, nei-ther found she a - - ny rest.

80
Da - leth, Da - leth, Da - -
Da - leth, Da - - leth, Da - leth,
Da - - leth, Da - - - - - leth, Da - - leth,
Da - leth, Da - - leth, Da -
Da - leth, Da - - leth, Da -
86
- - - leth. Om - nes per - se - cu - to - res e -
All those who did pur - sue her so
Da - leth. Om - nes per - se - cu - to - res e -
All those who did pur - sue her so
Da - - leth.
- - - leth.
- - - leth.

92
- ius ap - pre - hen - de - runt e - am in - ter an - gu - sti - -
nigh did ap - pre - hend and take her right in the nar - row
- ius ap - pre - hen - de - runt e - am in - ter an - gu - sti - -
nigh did ap - pre - hend and take her right in the nar - row
97
- as, om - nes per - se - cu - to - res e - ius ap -
way, all those who did pur - sue her so nigh did
- as, om - nes per - se - cu - to - res e - ius ap - pre -
way, all those who did pur - sue her so nigh did ap -
Om - nes per - se - cu - to - res e - ius ap -
All those who did pur - sue her so nigh did
Om - nes per - se - cu - to - res e - ius ap - pre - hen -
All those who did pur - sue her so nigh did ap - pre -
Om - nes per - se - cu - to - res e - ius ap -
All those who did pur - sue her so nigh did

103
- pre-hen-de - runt e - am in - ter an -
ap - pre - hend and take her right in the
- hen-de - runt e - - am in - ter an - gu - sti -
- re - hend and take her right in the nar-row
- pre-hen-de - runt e - am in - - ter an - gu - sti - - - as,
ap - pre-hend and take her right in the nar - row way,
- de-runt e - - am in - ter an - gu - sti - - as, an - gu - sti -
- hend and take her right in the nar - row way, the nar-row
- pre-hen-de - runt e - am in - ter an - gu - sti - - as,
ap - pre-hend and take her right in the nar - row way,
108
- gu - sti - as, in - ter an - gu - sti - - as:
nar - row way, right in the nar - row way.
- as in - ter an - gu - sti - as, an - gu - sti - as.
way, right in the nar-row way, the nar - row way.
in - ter an - gu - sti - as, an - gu - sti - - - as: Lu - gent
right in the nar - row way, the nar - row way. All the
- as, in - ter an - gu - sti - as: Lu - gent e -
way, right in the nar - row way. All the paths
in - ter an - gu - sti - as, an - gu - sti - as: Lu - gent e -
right in the nar - row way, the nar - row way. All the paths

113
Lu - gent e -
All the paths
Lu - gent
All the
e - o quod non sint qui ve - ni - ant ad so - lem - ni - ta -
paths of Zi - on mourn be - cause none come to the so - lemn feast
- o quod non sint qui ve - ni - ant ad so - lem - ni - ta - tem, lu - gent
of Zi - on mourn be - cause none come to the so - lemn feast days, all the
- o quod non sint qui ve - ni - ant ad so - lem - ni - ta - tem,
of Zi - on mourn be - cause none come to the so - lemn feast days,
118
- o quod non sint qui ve - ni - ant ad so - lem - ni - ta - tem, ad so -
of Zi - on mourn be - cause none come to the so - lemn feast days, to the
e - o quod non sint qui ve - ni - ant ad so - lem - ni - ta -
paths of Zi - on mourn be - cause none come to the so - lemn feast
- tem, ad so - lem - ni - ta - tem,
days, to the so - lemn feast days,
e - o quod non sint qui ve - ni - ant ad so - lem - ni - ta - tem, ad so -
paths of Zi - on mourn be - cause none come to the so - lemn feast days, to the
ad so -
to the

123
- - lem - ni - ta - tem, so - lem-ni-ta - tem, ad so -
so - lemn feast days, so - lemn feast days, to the
- - - - tem, ad so - lem - ni - ta - - - -
days, to the so - lemn feast
so - lem - ni - ta - - - - tem, so - lem-
the so - lemn feast days, the so -
- lem - ni - ta - - tem, ad so - lem - ni - ta - tem, so -
so - lemn feast days, to the so - lemn feast days, the
- lem - ni - ta - - tem, ad so -
so - lemn feast days, to the

127
- - lem - ni - ta - tem. Om - nes por - tae e - ius de -
so - lemn feast days. All her gate-ways lie now in
- - - - tem. Om - nes por - tae e - - - ius de -
days. All her gate-ways lie now in
- ni - ta - - - tem. Om - nes por - tae e - ius de - stru -
- lemn feast days. All her gate-ways lie now in ru -
- lem - ni - ta - - tem. Om - nes por - tae e - ius de - - stru -
so - lemn feast days. All her gate-ways lie now in ru -
- lem - ni - ta - - tem. Om - nes por - tae e -
so - lemn feast days. All her gate - ways lie

132
- stru - ctae, sa - cer - do - tes e - ius ge - men - tes,
ru - in, all her priests are sigh - ing and groan - ing,
- stru - - ctae, sa - cer - do - tes e - ius ge - men -
ru - - in, all her priests are sigh - ing and groan -
- ctae, sa - cer - do - tes e - ius ge - men - tes, vir - gi - nes e -
- in, all her priests are sigh - ing and groan - ing, e - ven her maids
- - - ctae, sa - cer - do - tes e - - - ius ge - men -
- - - in, all her priests are sigh - - - ing and groan -
- ius de - stru - ctae, sa - cer - do - tes e - ius ge -
now in ru - in, all her priests are sigh - ing and
137
vir - gi - nes e - ius squa - li - dae, et ip - sa
e - ven her maids suf - fer ne - glect; op - press'd and
- - tes, vir - gi - nes e - - ius squa - li - dae, et ip -
- - ing, e - ven her maids suf - fer ne - glect; op - press'd
- ius squa - li - - - - dae, et ip - sa op -
suf - fer ne - - - - glect; op - press'd and af -
- - tes, vir - gi - nes e - ius squa - li - - dae, et
- - ing, e - ven her maids suf - fer ne - - glect; op -
- men - tes, vir - gi - nes e - ius squa - li - dae,
groan - ing, e - ven her maids suf - fer ne - glect;

141
op-pres - - sa a - ma - ri - tu - di - ne, a - ma - ri - tu -
af - flict - - ed she dwells in bit - ter - ness, she dwells in bit -
- sa op - pres - sa a - ma - ri - tu - di - - - ne, a - ma - ri -
and af - flict - ed she dwells in bit - ter - - - ness, she dwells in
- pres - - sa, op - pres - sa a - ma - ri - tu - di - ne, a - ma - ri - tu - di -
- flict - - ed, af - flict - ed she dwells in bit - ter - ness, she dwells in bit - ter -
ip - sa op - pres - - sa a - ma - ri - tu - di - ne, a - ma - ri -
- press'd and af - flict - - ed she dwells in bit - ter - ness, she dwells in
et ip - sa op - pres - sa a - ma - ri - tu - di - ne, a -
op - press'd and af - flict - ed she dwells in bit - ter - ness, she
146
- - di - - ne, a - ma - ri - tu - di - ne.
- - ter - - ness, she dwells in bit - ter - ness.
- tu - di - ne, a - ma - ri - tu - di - ne.
bit - ter - ness, she dwells in bit - ter - ness.
- - - ne, a - ma - ri - tu - di - ne, a - ma - ri - tu - - di - ne.
- - - ness, she dwells in bit - ter - ness, she dwells in bit - - ter - ness.
- tu - di - ne, a - ma - ri - tu - di - - ne.
bit - ter - ness, she dwells in bit - ter - - ness.
- ma - ri - tu - di - ne, a - ma - ri - tu - di - - ne.
dwells in bit - ter - ness, she dwells in bit - - ter - ness.

151
He, He, He.
He, He.
He, He.
He, He, He.
He, He.
158
Fa - cti
They that
Fa - cti sunt ho - stes e - ius in ca - pi - te, in - i - mi - ci
They that were foes of hers rule o - ver her head, and her e - ne -
Fa - cti sunt ho - stes e - ius in ca -
They that were foes of hers rule o - ver

163
Fa - cti sunt ho - stes e - ius in ca - pi -
They that were foes of hers rule o - - ver her
Fa - cti sunt ho - stes
They that were foes of
sunt ho - stes e - ius in ca - pi - te, in - i - mi - -
were foes of hers rule o - - ver her head, and her e - -
il - li - us, il - li - us lo - cu - ple - ta - ti sunt,
- mies wax great, wax great and mul - ti - ply in wealth,
- - pi - te, in - i - mi - ci il - li - us lo - cu - ple - ta - ti
her head and her e - ne - mies wax great and mul - ti - ply in
168
- te, in - i - mi - ci il - li - us lo - cu - ple - ta - ti sunt, lo - cu - ple - ta - ti
head, and her e - ne - mies wax great, and mul - ti - ply in wealth, and mul - ti - ply in
e - ius in ca - pi - te, in - i - mi - ci il - li - us lo -
hers rule o - - ver her head, her e - ne - mies wax great, and
- - ci il - li - us lo - cu - ple - ta - ti sunt:
- - ne - mies wax great, and mul - ti - ply in wealth:
lo - cu - ple - ta - ti sunt, lo -
and mul - ti - ply in wealth, and
sunt, lo - cu - ple - ta - ti sunt, lo - cu - ple - ta - ti
wealth, and mul - ti - ply in wealth, and mul - ti - ply in

173
sunt: Qui - a Do - mi - nus lo - cu - tus est su - per e -
wealth: for the Lord hath so de - creed and spo - ken a - gainst
- cu - ple - ta - ti sunt: Qui - a Do - mi - nus lo - cu - tus est su - per e - am
mul - ti - ply in wealth: for the Lord hath so de - creed and spo - ken a - gainst her
Qui - a Do - mi - nus lo - cu - tus est su - per e - am pro - pter mul - ti -
for the Lord hath so de - creed and spo - ken a - gainst her for her great and
- cu - ple - ta - ti sunt: Qui - a Do - mi - nus lo -
mul - ti - ply in wealth: for the Lord hath so de -
sunt: Qui - a Do - mi - nus lo - cu - tus est su - per e - am pro - pter mul - ti -
wealth: for the Lord hath so de - creed and spo - ken a - gainst her for her great and
178
- am pro - pter mul - ti - tu - di - nem, qui - a
her for her great and grie - vous sins, for the
pro - pter mul - ti - tu - di - nem, qui - a Do - mi - nus lo - cu - tus est su -
for her great and grie - vous sins, for the Lord hath so de - creed and spo - ken
- tu - di - nem in - i - qui - ta - tum e - - ius, qui - a Do - mi -
grie - vous sins and mul - ti - fold trans - gres - - sions, for the Lord hath
- cu - tus est su - per e - am pro - pter mul - ti - tu - di - nem in - i - qui - ta - tum e -
- creed and spo - ken a - gainst her for her great and grie - vous sins and mul - ti - fold trans - gres -
- tu - di - nem in - i - qui - ta - tum e - ius, qui - a Do - mi - nus lo - cu - tus
grie - vous sins and mul - ti - fold trans - gres - sions, for the Lord hath so de - creed and

183
Do - mi - nus lo - cu - tus est su - per e - am pro - pter mul - ti -
Lord hath so de - creed and spo - ken a - gainst her for her great and
- per e - am pro - pter mul - ti - tu - di - nem in - i - qui -
a - gainst her for her great and grie - vous sins and mul - ti -
- nus lo - cu - tus est su - per e - am pro - pter mul - ti -
so de - creed and spo - ken a - gainst her for her great and
- ius, qui - a Do - mi - nus lo - cu - tus est su - per e -
- sions, for the Lord hath so de - creed and spo - ken a - gainst
est su - per e - am pro-pter mul - ti - tu - di - nem in - i - qui -
spo - ken a - gainst her for her great and grie - vous sins and mul - ti -
187
- tu - di - nem in - i - qui - ta - tum e - ius,
grie - vous sins and mul - ti - fold trans - gres - sions,
- ta - tum e - ius, in - i - qui - ta - tum e - ius, in -
- fold trans - gres - sions, and mul - ti - fold trans - gres - sions, and
- tu - di - nem in - i - qui - ta - tum e -
grie - vous sins and mul - ti - fold trans - gres -
- am pro - pter mul - ti - tu - di - nem in - i - qui - ta - tum e -
her for her great and grie-vous sins and mul - ti - fold trans - gres -
- ta - tum e - ius, in - i - qui - ta - tum e -
- fold trans - gres - sions, and mul - ti - fold trans - gres -

192
in - i - qui - ta - tum e - - ius: par - vu - li e -
and mul-ti - fold trans - gres - - sions. E - ven her lit -
- i - qui - ta - tum e - ius, in - i - qui - ta - tum e - ius: par - vu - li e -
mul - ti - fold trans - gres-sions, mul - ti - fold trans - gres - sions. E - ven her lit -
- ius, in - i - qui - ta - tum e - - ius, e - ius: par - vu - li e -
- sions, and mul-ti - fold trans - gres - sions, trans gres - sions. E - ven her lit -
- ius, in - i - qui - ta - tum e - - - ius: par - vu - li e -
- sions, and mul - ti - fold trans-gres - - - sions. E - ven her lit -
- ius, in - i - qui - ta - tum e - ius: par - vu - li e -
- sions, and mul - ti - fold trans - gres - sions. E - ven her lit -
198
- ius du - cti sunt ca - pti - - vi an - te fa - ci - em tri - bu - lan - -
- tle ones were ta - ken cap - tive and her e - ne - mies took them from
- ius du - cti sunt ca - pti - - vi an - te fa - ci - em tri - bu - lan -
- tle ones were ta - ken cap - tive and her e - ne - mies took them from
- ius du - cti sunt ca - pti - vi an - te fa - ci - em tri - - bu - lan -
- tle ones were ta - ken cap - tive and her e - ne - mies took them from
- ius du - cti sunt ca - pti - - vi an - te fa - ci - em tri - bu - lan -
- tle ones were ta - ken cap - tive and her e - ne - mies took them from
- ius du - cti sunt ca - pti - - vi an - te fa - ci - em tri - bu - lan - tis,
- tle ones were ta - ken cap - tive and her e - ne - mies took them from her,

204
[𝅗𝅥=𝅗𝅥]
- tis, tri - - bu - lan - - tis. Ie - ru - sa-lem, Ie - ru - sa -
her, took them from her. Je - ru - sa-lem, Je - ru - sa -
- tis, tri - bu - lan - - - tis. Ie - ru - sa-lem, Ie - ru - sa -
her, took them from her. Je - ru - sa-lem, Je - ru - sa -
- tis, tri-bu - lan - - - tis. Ie -
her, took them from her. Je -
- tis, tri - - bu - lan - - - tis. Ie - ru - sa-lem, Ie - ru - sa -
her, took them from her. Je - ru - sa-lem, Je - ru - sa -
tri - - bu - lan - - - tis. Ie -
took them from her. Je -
[𝅗𝅥=𝅗𝅥]
208
- lem, Ie - ru - sa-lem, Ie - ru - sa - lem, con -
- lem, Je - ru - sa-lem, Je - ru - sa - lem, re -
- lem, Ie - ru - sa-lem, Ie - ru - sa - lem, con -
- lem, Je - ru - sa-lem, Je - ru - sa - lem, re -
- ru - sa-lem, Ie - ru - sa - lem, Ie - ru - sa -
- ru - sa-lem, Je - ru - sa - lem, Je - ru - sa-lam, Je - ru - sa -
- - - lem, Ie - ru - sa-lem, Ie - ru - sa - - - lem,
- - - lem, Je - ru - sa-lem, Je - ru - sa - - - lem,
- ru - sa-lem, Ie - ru - sa - lem, Ie - ru - sa-lem, Ie - ru - sa -
- ru - sa-lem, Je - ru - sa - lem, Je - ru - sa-lem, Je - ru - sa -

211
- ver - te - re ad Do - mi - num, con - ver - te - re ad Do - mi -
- pent and turn un - to the Lord, re - pent and turn un - to the
- ver - te - re ad Do - mi - num, con - ver - te - re ad Do -
- pent and turn un - to the Lord, re - pent and turn un - to
- lem, con - ver - te - re ad Do - mi - - num, con - ver - te - re ad
- lem, re - pent and turn un - to the Lord, re - pent and turn un -
con - ver - te - re ad Do - mi - num, con - ver - te - re ad
re - pent and turn un - to the Lord, re - pent and turn un -
- lem, con - ver - te - re ad Do - mi num, con -
- lem, re - pent and turn un - to the Lord, re -

214
- num De - um tu - - - um, De - um tu - um,
Lord, ev'n to your God, ev'n to your God,
- - mi - num De - um tu - - - um, De - um tu - -
the Lord, ev'n to your God, ev'n to your
Do - mi - - num De - um tu - um, De -
- to the Lord, ev'n to your God, ev'n
Do - mi - num De - um tu - - - um, De - um tu - -
- to the Lord, ev'n to your God, ev'n to your
- ver - te - re ad Do - mi - num De - um tu - - um, De -
- pent and turn un - to the Lord, ev'n to your God, ev'n

217
ad Do - mi - num De - um tu - um, con -
un - to the Lord, ev'n to your God, re -
um ad Do - mi - num De - um tu - um, con -
God, un - to the Lord, ev'n to your God, re -
um tu - um, ad Do - mi - num De - um tu -
to your God, un - to the Lord, ev'n to your
um, ad Do - mi - num De - um tu - um,
God, un - to the Lord, ev'n to your God,
um tu - um, ad Do - mi - num De - um tu -
to your God, un - to the Lord, ev'n to your
221
ver - te - re ad Do - mi - num De - um tu
pent and turn un - to the Lord, ev'n to your
ver - te - re ad Do - mi - num De - um tu - um, tu -
pent and turn un - to the Lord, ev'n to your God, your
um, con - ver - te - re ad Do - mi - num De - um tu -
God, re - pent and turn un - to the Lord, ev'n to your
con - ver - te - re ad Do - mi - num De - um tu
re - pent and turn un - to the Lord, ev'n to your
um, con - ver - te - re ad Do - mi - num De - um tu -
God, re - pent and turn un - to the Lord, ev'n to your

Originated by Figaro

Reproduced and printed by Halstan & Co. Ltd., Amersham, Bucks., England